함흥,

사진으로 보는 전쟁과 재건의 역사

함흥,
사진으로 보는 전쟁과 재건의 역사

초판 1쇄 인쇄 2020년 11월 10일
초판 1쇄 발행 2020년 11월 15일

지은이 신동삼, 한만섭
책임편집 이용화

펴낸곳 논형
펴낸이 소재두
등록번호 제2003-000019호
등록일자 2003년 3월 5일
주소 서울시 영등포구 당산로 29길 5-1 502호
전화 02-887-3561
팩스 02-887-6690

ISBN 978-89-6357-243-7 94910
값 35,000원

함흥,

사진으로 보는 전쟁과 재건의 역사

논형

귀중한 기억과 아름다운 추억을 담은 함흥, 역사의 장소 함흥

▶ 책을 펴내며 1

1954년 4월 초순, "신 동무! 일주일 후에 동독 함흥시 재건단 통역으로 함흥에 가게 됐으니 준비하시오"라는 동독 주재 북한 대사관의 전화가 있었다. 나는 6·25전쟁 때인 1952년 제1차 동독 국비유학생으로 파독되어 라이프치히(Leipzig)에서 반년 간 독일어를 배우고 1953년부터 드레스덴(Dresden)공대 건축과 예과를 끝마쳤기에 독일어를 유창하게 할 수 있었던 때였다. 함흥 근방에 있는 고향 부모 형제들과 이미 1948년에 이별했으니 내게는 7년 만에 이루어진 작은 '금의환향'인 셈이었다.

동베를린 공항에서 동독 재건단 도시계획팀과 합류하여 구식 소련 항공기로 1955년 4월 중순에 함흥에 도착하니 제1차 통역관이며 드레스덴 공대 동창생인 신태인 씨가 우리를 기다리고 있었다.

전쟁이 끝난 직후라 미군 B29의 맹렬한 폭격으로 함흥시는 약 95퍼센트가 파괴되었고 그로 인해 독일 기술진의 숙소조차 구하기 힘들었다. 잠자리에 필요한 침대 매트리스를 볏짚으로 만드느라 고생하였던 함흥 아주머니들의 모습이 어제의 일같이 떠오른다.

악조건 속에서도 도시 건설의 체계적인 기반이 되는 마스터플랜이 1955년 5

월에 시작되어 10월에는 평양 건설부의 재가를 받게 되었다. 당시 함흥에는 건설자재로는 모래와 점토(진흙)와 인민들의 정열적인 힘(노동력)만 있었던 것이다.

함흥시 재건단의 단장을 비롯해 도시설계가, 건축가, 현장감독, 점토 전문가, 녹색 설계가, 지질학자, 측량사, 심지어 벽돌공까지 약 500명의 독일 기술진이 8년간 여러 인프라 시설을 건설했다. 동시에 북한 건설 일꾼들에게 설계와 건설기술 등 연수사업도 진행되었다. 동독의 함흥시 총정산서를 보면 8년간 총 180억 원(한국 원화)이 지원된 것으로 기록되어 있다.

40년 후인 독일 통일 전에 동독인 10명과 서독인 11명과 함께 인상적이고 재미있는 한국관광을 2주간 한 적이 있었다. 이들 중 한 사람이 동독 라이프치히에서 어느 출판인이 《동독과 북한-1954년/62년 함흥시 재건사》라는 출판물이 있다는 것을 알려주었다. 알아보니 이 책의 저자는 당시 동독 훔볼트 대학 한국어학과 조교수였으며, 그 대학의 학과장은 40여 년 전 라이프치히 대학에서 우리 북한 유학생들에게 독일어를 가르쳐 주었던 독일 여학생 중 한 명이었다. 그녀를 40년 만에 다시 만났다.

하루는 그 조교수가 "동독 함흥시 도시 재건 자료를 디지털 정리하여 이것을 전문학계와 관심자들이 이용할 수 있게 하는 것이 좋지 않을까요? 라고 내게 제안을 해왔다. 나는 한국의 통일부와 통일연구원, 그리고 기타 많은 단체와 기관에 이 자료를 디지털화하는 비용 지원을 요청했으나 성과가 없었다. 그러다가 2005년에 서울대 통일연구소와 연결되어 함흥시 재건사업을 소개하고 이 도시 개혁의 주요 자료를 제공했다. 또 나는 아직 독일에 살아 있는 동독 함흥시 재건단원을 수소문하여 이들 개인이 소장한 설계 자료와 특히 함흥시 재건 당시의 슬라이드와 사진을 수집하기 시작했다.

그 후 약 10년간 함흥시 재건단원인 마티아스 슈베르트(Prof. Mathias Schubert) 교수, 요하네스 슈로트(Johannes Schroth), 클라우스 페터 베르너(Claus-Peter Werner), 페터 될러 교수(Prof. Peter Doehler), 게하르트 슈틸러(Geghard Stiller)로부터 많은 사진자료를 기증받았다. 모든 자료는 반세기 전 것이었으므로 디지털로 정리하기는 대단히 어려웠지만 나는 아들 안드레와 함께 이 자료를 수년간 디지털 파일로 정리했다.

2012년에 〈동독 함흥시 도시개혁·설계와 그 지속성〉이라는 제목으로 8년간의 동독 함흥시 도시설계 사업을 총괄 정리할 수 있는 박사 학위논문 지도교수를 만나게 되었다. 논문 작성에 필요한 많은 자료를 수집한 후 2013년 봄에 이 프로젝트가 남북 화해의 물꼬가 되겠다는 희망으로 한국의 5개 대학(서울대, 동국대, 인천대, 조선대, 목포대)을 돌며 특강을 했다. 마침 동국대 북한 연구소 홍민 교수의 조언으로 독일 함흥시 재건단의 사진집 발간을 추진하게 되었고,《신동삼 컬렉션》(눈빛출판사, 2013년)을 출간하였다.

세월이 흘러갈수록 나는 옛 독일 기술진이 진행하였던 함흥시 재건사와 도시계획사를 정리하여 이것을 전문학계에 소개하고 이를 후세에 남겨야 한다는 의무감을 절실하게 느끼고 있다.

《신동삼 컬렉션》은 파란만장한 나의 인생 이야기이고 동독 함흥시 재건사업 참여는 나의 이팔청춘 시절의 가장 즐거운 추억 중의 하나이다. 특히 8년간 이뤄졌던 동독 건설사업 자료를 논문형식으로 총정리 할 수 있게 된 것과 기술진들의 귀중한 역사적인 사진을 담고 있다.

또한 나의 박사논문도 《1955-1962 구동독 도시설계팀의 함흥시와 흥남시의 도시계획》(논형출판사, 2019)으로 출간하였다. 연이어 《사진으로 보는 함흥》은 위 두 책에서 다루지 못한 귀중한 기억과 아름다운 추억을 담은 함흥, 역사의 장소 함흥을 담았다. 이 책은 공동 편자로 함흥이 고향이고 재미교포인 한만섭 선생이 2년 여 동안 900여 장의 사진을 분류하고 보정하여 이 책이 출판되도록 모든 일을 맡아주서서 가능하였다. 또한 논형출판사의 이용화님의 편집기획의 열정과 디자인을 담당한 김선님의 정성에 대해 이 자리를 빌어 감사를 드린다. 이 두 가지 일은 반세기 전에 떠나온 북녘 동포들에 대한 나의 채무감에서 비롯되었다. 이 책이 분단된 우리 민족의 동질성 회복에 자그마한 역할을 할 수 있게 되기를 기대한다.

끝으로 조건 없이 이 사진 자료를 제공해 준 독일 함흥시 재건단원 여러분께 감사드리며, 특히 사진 자료수집과 디지털 정리를 도와준 나의 아들 안드레와 이 프로젝트 완성에 물심양면 도와준 아내에게 고마움을 전한다.

2020년 11월　신동삼

독일 몸멘하임 포도밭 마을에서

그리운 고향 함흥,
한장 한장 올올이 담긴 추억을 더듬어...

▶ 책을 펴내며 2

　　2018년 여름 어느 날, 서울 한양대학교 대학원 사학과 박사과정에 있는 분이 미국에 사는 나에게 한국에 《신동삼 컬렉션》이란 책자가 있으니 한 권 보내 주겠다고 제안해 왔다. 나는 '대학원생이 무슨 여유가 있겠나' 싶어 그녀의 제의를 거절하고, 미국 알라딘 온라인 서점을 통해 《신동삼 컬렉션》을 항공편으로 구입했다. 책을 열어보니 그녀의 말대로 나에게 정말 흥미로운 많은 사진들이 그 책에 실려 있었다. 더구나 흥미 있었던 것은 그 책의 저자 신동삼 선생은 나와 동향인이자 동갑내기였던 사실이었다.

　　나는 유년 시절과 중학교 시절을 함흥에서 지냈다. 유년기에는 내가 살던 집 주변에 일제에 의해 함흥시 도시계획이 실행되는 것을 체험했고, 중학 3학년시절(1945년)에는 일제의 학생근로봉사 동원령으로 흥남 본궁 공장에서 일한 적도 있었다. 그런 관계로 신 선생의 《신동삼 컬렉션》은 내게 특별한 의미가 있었다. 그러던 중 신 선생과 연락이 되어 2018년 10월에 그가 사는 독일 프랑크푸르트 근처의 한 시골 마을 몸멘하임에 가서 그와 4~5일간 환담을 나누었다. 물론 《신동삼 컬렉션》에 관해서도 이야기를 나누었다. 나는 그 책에 나오는 일부 사진에 관해서 설명하기도 했다. 실은 《신동삼 컬렉션》에는 사진설명이 부족한 점

이 많았고, 사진 분류도 허술했다. 이런 단점을 이해한 신 선생은《신동삼 컬렉션》의 개정판 같은 것을 나와 공저로 다시 출판하기를 제의했다. 나도 그의 제의에 동의했다. 이렇게 되어 결국 나는 신 선생이 소장하고 있는 900여장의 사진 디지털 파일을 복사해서 미국으로 돌아왔다.

그 사진들의 분류작업(Categorization)도 수개월 걸렸다. 그리고 디지털 파일의 보정작업(Photoshop Photo Enhancement)도 착착 진행했다. 다행히 내가 지난 20여 년간 포토샵을 익혀왔고 학생들에게 가르치기도 했다. 1950년대의 컬러사진 기술은 지금에 비해 부족한 데가 많아서 그런 사진의 스캔파일을 보정하는 일은 쉬운 일이 아니었다. 그러나 최선을 다한 사진들을 이번에 출판하게 된 것이다. 900여장의 사진 분류와 보정을 마치고 한국 출판사를 물색해 보았으나 선뜻 출판하겠다는 출판사가 나타나지 않던 차에 논형출판사의 소재두 사장님의 과감한 출판결정과, 이용화님의 열정, 또 디자인을 담당한 김선님의 정성으로 영광의 새 책《함흥, 사진으로 보는 전쟁과 재건의 역사》가 세상에 빛을 보게 된 데에 대해 이 자리를 빌어 감사를 드린다. 아무튼 이 사진첩이 사진 애호가들의 기호물이 될 뿐 아니라 6·25 전쟁 직후의 북한의 사회상을 연구하는 사가史家들에게도 좋은 사료가 되기를 희망한다. 끝으로 새 책의 공저자로 삼아준 심동삼 선생께 사의를 표한다. 또 근래 코로나 바이러스19의 난관에도 불구하고 나의 사진 편집의 최종질주(Last stretch)에 일조해준 내 아내 이성덕에게도 감사드린다.

2020년 11월　한만섭
미국 북가주 실리콘배리에서

▷ CONTENTS

함흥

고지도로 본 함흥

CHAPTER 01 기억속의 함흥 33

CHAPTER 02 동독 정부의 북한 재건 원조 45

CONTENTS

⫸ CONTENTS

Hamheung: Historical Photos of the City's Wartime Disaster and Rehabilitation Later

Hamheung

CONTENTS

> **CONTENTS**

咸興、写真で見る戦争と再建の歴史

咸興

>> **CONTENTS**

현종 5년(1664), 함경도 백성을 위해 마련
한 특별 과거 시험인 북관 별시를 기념하
기 위해 제작한 두루마리 그림이다. 함흥
관아에서 합격자를 발표하는 장면이다.

북새선은도권北塞宣恩券
함흥에서 열린 과거 급제의식
한시각(韓時覺 1621~?) 1664년.
비단에 수묵채색 57.9 × 674.1cm
국립중앙박물관 소장

북쪽에 반룡산(盤龍山:318m)이 동쪽으로 능선을 뻗어 형제봉(兄弟峰:373m)에 이어지고, 성천강(城川江)이 반룡산의 서쪽 산각(山脚)을 거쳐 남류하면서 시역을 동·서로 양분하나, 시가지의 태반이 동안의 반룡산 남쪽 기슭에 펼쳐진다. 시가지 남쪽을 호련천(瑚璉川)이 서쪽으로 흘러 성천강에 합류한다. 성천강에는 조선 태조에 의해 만세교(萬歲橋)라고 명명된 유서 깊은 다리가 있다.

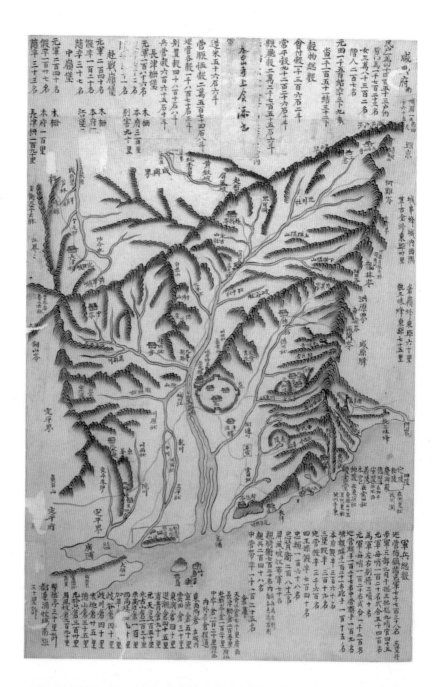

함흥부지도咸興府地圖 / **해동지도** 海東地圖

18세기, 47.0 × 30.5㎝

서울대학교 규장각 한국학 연구원 소장

군사의 중심지이자 조선왕조의 발상지로서 문화적으로도 중시되던 곳이었다. 고을의 특성이 지도에서도 잘 반영되어 있는데 읍성으로 둘러싸인 읍치를 주변 지역에 비해 매우 크게 확대하여 표현하였다.

함흥부지도咸興府地圖 /
[함흥부(조선) 편咸興府(朝鮮) 編**]**
1872년, 112.0 × 76.0㎝
규장각 한국학 연구원 소장

함흥전도咸興全圖 **/ 해동지도**
10첩 병풍, 19세기 후반, 170 × 28cm
규장각 한국학 연구원 소장

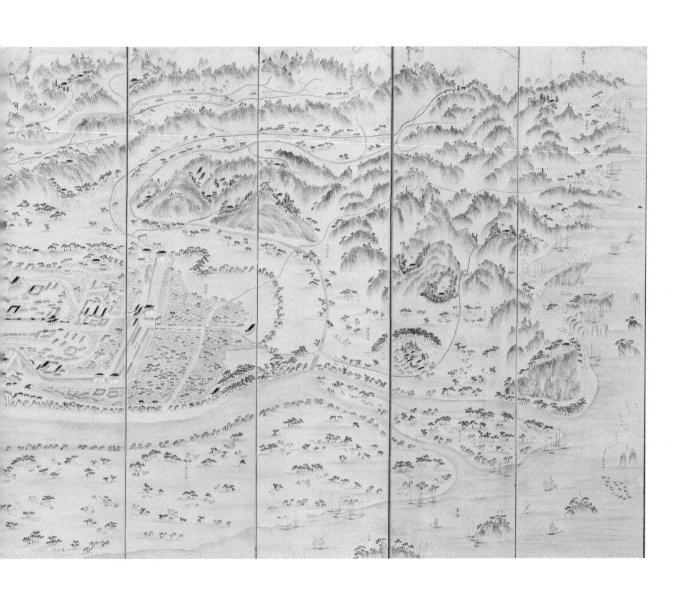

요시다 하츠사부로吉田初三郎**의 함흥시 조감도**
1940년경
교토 기온 요시다 하츠사부로
学習院大学 東洋文化研究所의 厚意에 의함

함흥은 함경남도의 도청 소재지로 문화, 교통, 산업, 교육의 중심지였다. 한반도 동북 해안의 유일한 큰 도시로 흥남공업지대의 형성과 함께 현대식 도시가 형성됐다.

鳥瞰図

함흥부 안내도

초판지도 제작일시 :
1941년 12월 8일 현재 전후
(태평양 전쟁 발발일)

본 지도는 1/25000지도를 확대하고 군영로
(軍營通) 야마구치 도자기가게(山口瀬戸物店)
주인 마사키 카츠미(眞崎勝美)를 비롯한
여러분의 협력으로 작도된 것입니다.
1941년 12월 현재 전후

1　역전파출소
2　신흥철도(주) 함흥역
3　조선운송(주)지점
4　미쿠니(三國)상회
5　다이니(大二)상회
6　함흥관 아카츠키(暁)
7　태화루
8　함흥무진(주)
9　신흥임업(주)
10 야마토유목욕탕(大和湯)
11 토키와(常盤) 여관
12 식산은행
13 함흥극장
14 함흥택시
15 함흥우체국
16 미나카이(三中井) 백화점
17 본동 진사관
18 낙민루
19 함흥헌병대본부
20 북선합동전기
21 사사누마 사진관
22 함흥염매소
23 함흥교통(주)
24 북선시사신문(주)
25 함흥금융조합연합회
26 쓰키노유목욕탕(月ノ湯)
27 함흥세무조폐국
28 함흥연초전매국출장소
29 송월호텔
30 역전기차도시락점(부용관)

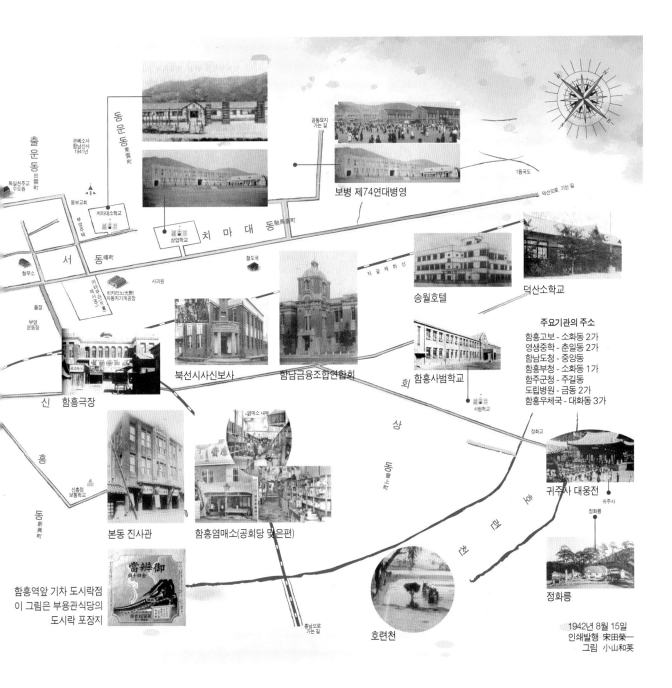

출운동 出雲町

통일천주교
수도원

관폐소사
함남신사
1941년

동부교회

치마대소학교

보영주택

상업학교

동운동 東雲町

치 마 대 동 馳馬臺町

공동묘지
가는 길

보병 제74연대병영

1등국도

덕산으로 가는 길

서 동 曙町

형무소

물장

부영
운동장

철도국

사과원

카타쿠라
(片倉)제사(주)

히카리노(光野)
자동차기계공장

자갈채취선

송월호텔

덕산소학교

신 함흥극장

북선시사신보사

함남금융조합연합회

함흥사범학교

회

상

동 上 町

주요기관의 주소

함흥고보 - 소화동 2가
영생중학 - 춘일동 2가
함남도청 - 중앙동
함흥부청 - 소화동 1가
함주군청 - 주길동
도립병원 - 금동 2가
함흥우체국 - 대화동 3가

사범학교

흥

동 新興町

신흥정
보통학교

본동 진사관

염매소 내부

함흥염매소(공회당 맞은편)

정화교

귀주사 대웅전

귀주사

정화릉

정화릉

만

천

御辨當
純大豆

함흥역앞 기차 도시락점
이 그림은 부용관식당의
도시락 포장지

흥남으로
가는 길

호련천

1942년 8월 15일
인쇄발행 宋田榮一
그림 小山和英

기억 속의 함흥

01

1. 1940년대 아름답던 함흥

1956년경에 동독인(마티아스 슈베르트 씨로 추정)이 함흥의 남쪽 연포비행장 방면에서 북쪽 반룡산盤龍山을 바라다보며 찍은 사진이다. 반룡산은 함흥평야를 흐르는 성천강城川江을 끼고 있는 해발 314m의 산이다. 조선의 태조太祖 이성계가 어렸을 때 준마駿馬를 달리며 무도를 닦던 산이다. 사진의 지평선에 성천강이 흐르고 반룡산 오른쪽 산기슭에 함흥시가 어스름하게 보인다.

그림 1-1   함흥평야를 흐르는 성천강 너머로 자리 잡은 반룡산

함흥부 전경　1936

함흥중앙장로교회

함주군청

신창리교회

제혜병원

영생고등여학교

함경남도립병원

함남고등여학교

함흥신사

서함흥역

군영로(2)

사사누마 사진관

군영로(1)

대화로

미나카이 백화점 옥상에서 내려다 본 함흥 시가지

우편국 앞 광장

그림 1-2　함흥의 옛 시가지 중심부 우체국 광장을 중심으로 만든 파노라마사진

1936년에 사사누마笹沼사진관이 발행한《함흥안내기념사진첩》에 삽입된 함흥시의 파노라마 사진이다(사진의 중단中段부분). 상단과 하단의 사진들은 그 사진첩에 실려 있는 사진들이거나 필자가 소

함흥형무소

함경남도청

소방서

국동소학교

김명학병원

함흥고보
(함남중학)

함흥공회당

함흥부청

함흥경찰서

함흥부전경

1·9·3·5년에 함흥부내의 신축·증축 호수는 1천여 호이며 50호고개를 넘는 가호수는 9·3·6년 유전반기에 이르러 작기의 왕성한 포옹력과 발전하는 모습을 곳곳에서 볼 수 있었다. 기념세기로 함흥의 한 곳을 발전하는 모습을 볼 수 있다.

함흥우편국

본동입구

미나카이 옥상에서
파노라마 사진 촬영

미나카이
三中井

황금동로

장한 사진들을 떠 옮긴 것이다. 함흥의 옛 시가지 중심부 우체국 광장을 중심으로 만든 파노라마사진이다. 함흥의 신시가의 중심부에는 시청과 공회당이 들어섰다. (위 29쪽의 요시다의 함흥부조감도 참조)

2. 1950년대 유령의 도시 함흥

한 정치가의 야망으로 한반도는 전화戰禍에 휩쓸려 아름답던 도시
는 유령이 사는 도시가 됐다.

그림 1-3   1950년대 초에 유령도시가 된 함흥 모습

그림 1-4 함흥시 건물의 파괴된 모습, '리발관'이라는 간판이 붙은 가건물도 보인다 ↘

그림 1-5 1950년대초의 유령의 도시 함흥
폭격을 면한 함흥시청의 모습이 보이고, 그 양편에는 파괴된 건물들이 보인다 ↑

그림 1-6 1950년대 초의 유령의 도시 함흥(위 사진의 오른쪽 계속) ←

그림 1-7　　2층 지붕이 파괴된 공회당 건물
1955년 5월 1일 메이데이 축제일에 반파된 공회당 건물을 장식하고 그 앞에서 작은북
을 치며 행진하는 여학생들의 모습

그림 1-8 파괴된 도시 속에서 명절을 즐기며 춤추는 군중 ←

그림 1-9 1955년경의 유령화된 함흥시 중심부의 폐허화된 모습. 배경에 반룡산이 우뚝 솟아 있다. 왼쪽에 반파(半破)된 공회당이 보이고 오른쪽에 폭격을 면한 시청이 있다. 앞의 넓은 '광장'은 상가와 극장 건물이 들어서 있었던 번화가였다 ✓

3. 1957년경의 함흥 시내의 한적한 모습

그림 1-10 1957년경의 함흥 중심부
오른쪽 시청건물은 그대로인데 중앙 왼쪽 함흥고보 자리에는 신교사가 들어섰고, 중앙에
는 공회당 잔해가 그대로 남아있다. 그 오른 쪽에는 옛 소방서 감시탑이 그대로 서있다

그림 1-11 함흥 유령도시가 좀 회
복된 모습 →
그림 1-12 상동
1950년대 초에 유령도
시가 됐던 함흥 시가가
정리되어가는 듯한 모
습이다 ↘

동독 정부의 북한 재건 원조

02

1 함흥시 동독 재건 원조단(DAG)의 내왕

전화戰禍로 초토화가 된 함흥시의 재건을 돕기 위해 멀리 유럽 사회주의 국가 동독 정부가 기술진과 기자재를 함흥에 제공하였다. 이들 기술진은 재건사업과정을 여러 영상으로 기록했을 뿐만 아니라, 재건사업 외에, 함흥 지방의 아름답고 고운 자연풍경과 인간의 삶을 영상으로 기록하기도 했다.

이 책은 그들이 남긴 사진들을 부분 별로 분류하여 역사물 사진첩을 만든 것이다.

그림 2-1　재건 원조단원의 숙소에서 메이데이 퍼레이드에 참여할 준비를 하는 모습

그림 2-2
1955년도 초기에 도착한 구동독 도시계획팀과 북한 건설 인력이 함흥 팔각정 앞에서 찍은 기념사진. 앞줄 중앙의 농림모를 손에 든 사람이 저자 신동삼 당시 통역관이다

조선건축일꾼들과 구동독 함흥시도시설계가들, 1955년

그림 2-3
구동독 도시계획 제2설계
팀장 페터 될러 ←
그림 2-4
구동독 도시계획 제1설계
팀장 콘라트 핏셀 ←
그림 2-5
조선건축일꾼들과 구 동
독 함흥시 도시설계가들,
1955년 ↓

그림 2-6 ~ 7　　　　구 동독 함흥시 재건단원과 가족 일동. 1955년

2. 노역하는 일꾼

그림 2-8 ~ 11   노역하는 일꾼

그림 2-12 ~ 15　　노역하는 일꾼

그림 2-16 ~ 18 노역하는 일꾼

그림 2-19 ~ 22   노역하는 일꾼

1955년 함흥건설현장

그림 2-23 ~ 25   노역하는 일꾼

3. 작업 현장

그림 2-26 ~ 27　작업 현장

그림 2-28 ~ 32 작업 현장

그림 2-33 ~ 35
작업 현장

그림 2-36 ~ 38 작업 현장

그림 2-39 ~ 43 작업 현장

그림 2-44 ~ 47 작업 현장

그림 2-48 ~ 51 작업 현장

그림 2-52 ~ 56 작업 현장

그림 2-57 ~ 58 작업 현장

그림 2-59 ~ 62 만세교 교각 공사

4. 건축자재 작업 및 창고

그림 2-63 ~ 65

그림 2-66 ~ 71　건축자재 관리

그림 2-72 ~ 73   건축자재 관리 및 제조

그림 2-77 시멘트 믹서

5. 건설 중인 건물들

그림 2-78 ~81

그림 2-82 ~ 84 상동

6. 회상리 신개발 지역

그림 2-85 건물이 들어서는 함흥 회상리 신개발 지역 - 멀리 호련천이 보인다

그림 2-86 ~ 88 상동

그림 2-89 ~ 92 상동

그림 2-93 회상리 개발 지역

그림 2-94 회상리 개발 지역

그림 2-95 전화(戰禍)를 입지 않은 듯한 재래식 주택가 지역 기입

그림 2-96 ~ 97 전화(戰禍)를 입지 않은 듯한 재래식 주택가 지역

그림 2-98 ~ 99 회상리 개발 지역

7. 1960년대 이후의 함흥 중요 건물

그림 2-100 함흥역 ↑

그림 2-104 정성거리 ←
그림 2-105 정성거리 이면(裏面)에 들어선 아파트 건물인 듯하다 ↙
그림 2-106 비오는 날의 함흥대극장 ↓

함흥,

사진으로 보는 전쟁과

재건의 역사

동독 함흥시 재건 원조단의
활동 및 생활

03

재건 원조단이 제일 먼저 한 일은 사무실과 숙박시설을 건설하는 일이었다. 먼 이국 땅, 사회인프라도 부족한 환경에서 지정된 일과를 보는 외에 여가를 보내는 데도 어려움이 컸지만 그 속에서도 많은 사진을 남겼다. 이 사진들을 엮어 보기로 한다.

그림 3-1 동독 기(旗)를 내건 함흥시 재건 원조단의 건물 일부

1. 사무소 – 숙소 건설부터

그림 3-2 완성된 재건 원조
단 본부 앞뜰의 정
지작업 →

그림 3-3 완성된 재건 원조
단 본부, 지붕과 전
면 기둥은 한국식
건축 디자인 채택
↘

그림 3-4 원조단 본부 정면
왼쪽에 미혼자 숙
소 오른쪽에 독신
자 숙소, 배경산은
반룡산 →

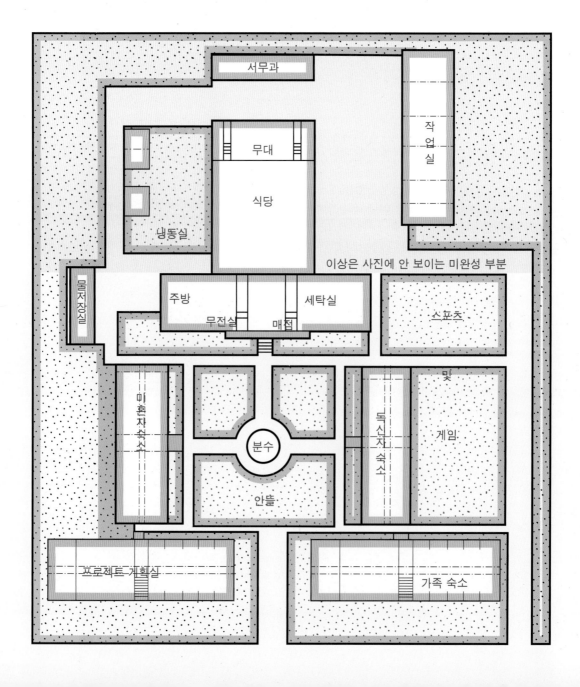

이상은 사진에 안 보이는 미완성 부분

그림 3-5
재건 원조단 건물 배치도 ←

그림 3-6 가족 숙소(중앙) 오른쪽 조금 보이는 건물은 독신자 숙소 ↑

그림 3-7~8
독신자 숙소(왼쪽), 가족 숙소(오른쪽) ←

그림 3-9 재건 원조단 본부 정면(왼쪽)과 독신자 숙소(오른쪽), 배경은 반룡산(편집자 주: 본부 건물의 왼쪽 부분은 포토샵으로 추가함).

그림 3-10 배후(반룡산 쪽)에서 본 재건 원조단 단지 사진. 전경은 함흥 회상리 일대, 먼 산 앞에 호련천이 보인다. 원조단 단지는 주민들의 마을에 싸여 있고 을타리도 안 보인다

2. 업무 활동

그림 3-11 교통 계획도. 함흥의 중요 도로 1955년

그림 3-12 함흥시 총계획도. 1955년 7월(함흥시와 흥남시의 도시계획 115참조, 2019. 논형)

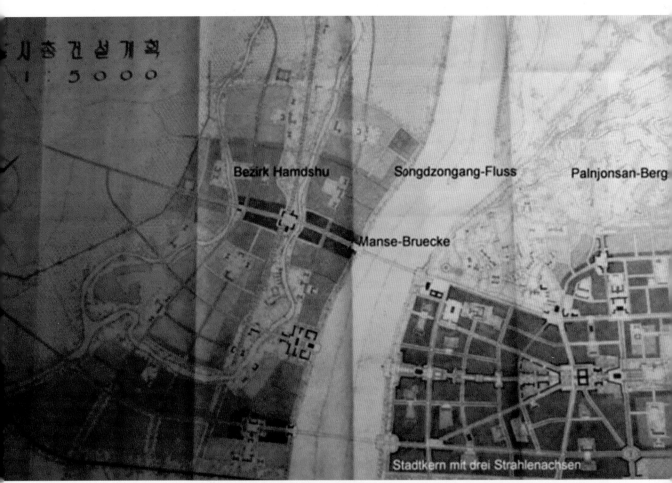

그림 3-13 3개 방사선 도심 도로. 서쪽 함주구와의 연결성. 될러. 1957년(퓟셀문고, 저자 소장)

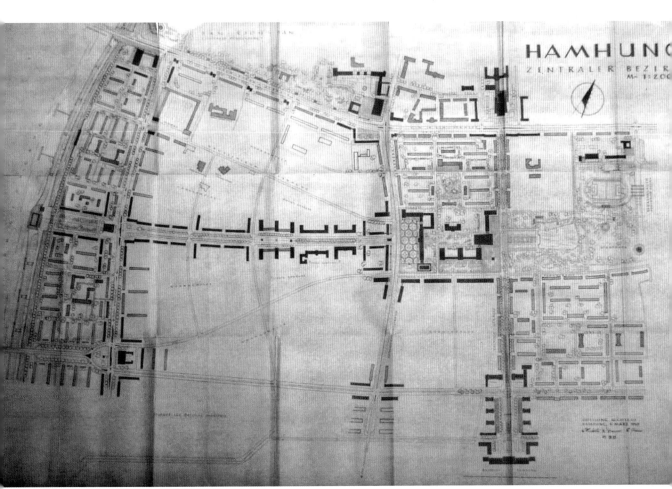

그림 3-14 약간의 곡선으로 된 기본축과 결부되는 함흥시 도심도로 계획 스케치

3. 한국 기술자와의 협력

그림 3-15 (좌) 하르트무트 콜덴, (우) 마티아스 슈베르트, 한국 일꾼들↑
그림 3-16 (좌) 한국 동료들, (우) 마티아스 슈베르트(중간에) ↑

4. 주민 주택 및 상가 건설 계획 설계 업무

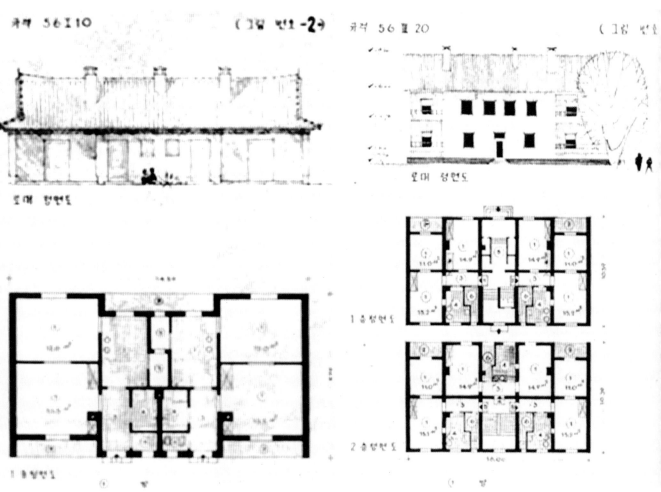

그림 3-17 온돌난방 방 2칸에 2채 연립 1층 주택 건물 ↑
그림 3-18 한 층에 방 1칸 4세대용 2층 주택 ↗

그림 3-19 함흥제일백화점 건물

5. 레크리에이션

그림 3-20 베르너 바임 댄스 ↑
그림 3-21 경음악 악단 ↗

그림 3-22   실내 줄다리기 ↖
그림 3-23 ~ 25   소 행렬 밴드(실내에서) ↗ ↖↗

그림 3-26   소 행렬 밴드(실내에서) ↖
그림 3-27~ 29   소 행렬 밴드 ↗↗↘

그림 3-30 ~ 32   소 행렬 밴드(실내에서) ↘↘

그림 3-33 소 행렬 밴드(실내에서) ↑

그림 3-34 행복한 순간 ↑
그림 3-35 그녀 ↑

그림 3-36 무얼 해?

그림 3-37 스케치 하기

그림 3-38 당구대 앞에서

그림 3-39 탁구 나도 할래

그림 3-40 나 예쁘지!

그림 3-41 이렇게 하지 않으면 설계도면이 잘 그려지지 않아요.

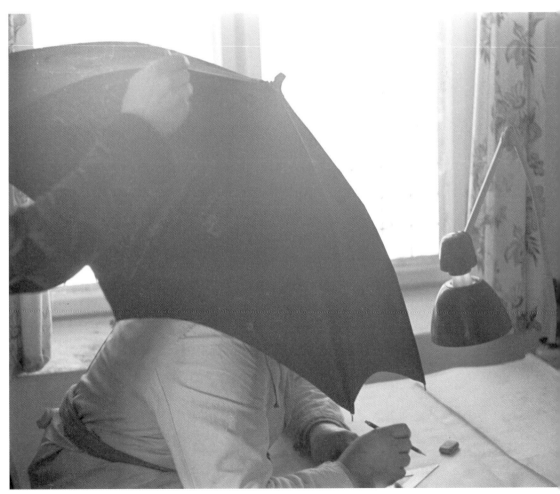

그림 3-42 똑똑똑, 헬로우 미스터?

그림 3-43 우리는 국수를 먹고 있어요 ✎
그림 3-44 한잔하세! ↖
그림 3-45 즐거운 모임 ←
그림 3-46 깊은 밤에 둘러앉아 모닥불 즐기기. 아~ 고향 생각이 나네! ↑

6. 야외활동

그림 3-47 지질검사 준비 중, 화가는 그림으로 담아냄 ←
그림 3-48 나를 따라 노래나 부르세 ←
그림 3-49 우리 여기서 짐 풀고 도시락이나 먹자 ↙
그림 3-50 마전 해수욕장에서 즐거이 해수욕 ↑

그림 3-51 부인

그림 3-52 동독으로 날아 갈래?

그림 3-53 ~ 54 산속의 사진사 ↑

그림 3-55 눈속의 사진사
그림 3-56
그림 3-57

그림 3-62 ←

그림 3-63 ←

그림 3-64 호련천에서

그림 3-65 호련천 강 건너기

그림 3-66 야영 준비 ↖
그림 3-67 텐트 설치 ↖
그림 3-68 호련천에서 ←
그림 3-69 야영장에서 시를 읊는 동독재건단원 부부 ←
그림 3-70 해안의 사진사 ↑

그림 3-71 강 풍경 ⟵
그림 3-72 호숫가 바위 위에서 ⟵
그림 3-73 바닷가에서 ⟋
그림 3-74 외딴집 풍경 ⟋
그림 3-75 금강산 구룡폭포 ⟵
그림 3-76 우리 모두 하이킹 ⟱
그림 3-77 사찰(寺刹) 마당에서 ⟱

그림 3-78 금강산 구룡폭포

7. 부전고원 기행

함흥 북방 약 100km 지점 이북에는 개마고원蓋馬高原이 있다. 백두산 남서쪽의 함경도와 평안도 일대에 자리 잡은 개마고원은 무려 4만 Km²나 되는 광활한 고원이다. 이 고원에 내리는 강우량은 압록강 지류인 부전강赴戰江, 장진강長津江, 허천강虛川江에 흘러들어간 후 완만하게 북쪽으로 흐르다가 압록강과 합류하여 황해로 빠진다. 그런데 이 북류하는 강물을 댐으로 막아 해발 1,200m이상 되는 개마고원에 큰 저수지를 만들고 그 물을 남쪽으로 흐르게 하여 1,000m나 되는 절벽밑으로 떨어트려 전력을 생산하는 아이디어를 생각해 낸 일본인이 있었다. 다시 말해 한반도 서해로 흘러들어갈 강물을 동해로 흘려보내 전력을 생산한다는 것이다.

그는 부전강 유역만으로도 22만Kw의 전력을 발전할 수 있다고 추산하고, 일본질소비료주식회사의 노구치 준野口遵 사장을 동원하여 1926년에 부전강 수계발전사업을 시작했다. 제일 먼저 부전강에 댐을 축조하여 큰 호수와도 같은 저수지를 구축하는 공사부터 하게 되는데 해발 1,200m나 되는 부전고원高原에 댐 건설에 필요한 자재를 운반해 가려면 1,000m나 되는 절벽과도 같은 험한 산길에 인클라인 철도(강삭철도)를 설치해야 했다. 아래 사진은 1926년부터 2~3년에 걸쳐 부설된 인클라인 체계를 보여준다.

동독 함흥시 재건 원조단원들은 신동삼 통역사(저자)를 대동하고 상기上記 인클라인 철도를 타고 부전고원에 올라갔다. 그 때 단원들이 찍은 사진들이 여러 장 있다. 다음에 그 사진을 싣는다.

그림 3-79 인클라인 철도를 타고 부전고원으로 올라가는 길

- 도깨비계곡에서 보는 백암산
  (해발 1,200m)
- 단풍계곡역에서 백암산역에 이르는 인클라인
  선로(단풍계곡역-백암산역 사이의 철도연장
  1,444m)
- 백암산에서 내려다보는 인클라인 선로와 철관수로

그림 3-80 1930년대 초기의 부전고원으로 올라가는 인클라인 철도 사진

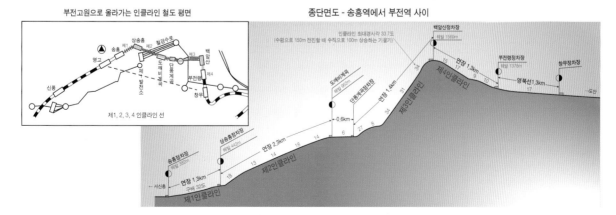

그림 3-81 인클라인 철도 종단면도

그림 3-82 인클라인 철도선을 내려다보는 전경 →

그림 3-83 인클라인 선로(좌)와 철관수로(우)가 보인다 ↘

그림 3-84 백암산 능선에 거의 도착, 원경에 지나온 인클라인 선로가 똑똑히 보인다 ⟶

인클라인 철로는 레일 세 개로 상행과 하행을 할 수 있게 설계되어
있다. 왼쪽 두 레일은 상행, 오른쪽 두 레일은 하행에 쓰인다. 중앙 레
일은 공용이다. 상·하행 차량은 동시에 운영되는데 두 차량은 교환
交換점에서만 서로 엇갈려 지나갈 수 있게 복선으로 되어있다. 레일
중앙에 있는 왼쪽 케이블은 상향 차량을 끌어 올리는 데 쓰이고, 오른
쪽 케이블은 하향 차량을 끌어내리는 역할을 한다. 상·하향 차량이
동시에 움직여야 전력이 덜 든다.

그림 3-85 백암산 능선에 거의 도
착, 백암산역에 곧 정차
할 거야 ←
그림 3-86 부전고원 인클라인 철
로궤도(Rail tracks)
및 운영체계 ↑

그림 3-87 부전고원 인클라인 철로궤도, 상행선 송흥 인클라인 선로의 경사가 시작하는 부근 (**그림 3-81**도 참조) ←

그림 3-88 상송흥(上松興) 인클라인 선로의 경사가 시작하는 근처 ←

그림 3-89 부전고원까지 다 올라온 인클라인 무개차. 부전령역으로 추정 →

그림 3-90 함흥에서 제1발전소가 있는 송흥리로 가는 열차. 함흥평야 북단으로 추정 ↓

오토바이

아이들 넷이 인클라인 무개차 상판에 매달려 부전고원까지 올라온 듯

그림 3-91 송흥리로 가는 무개차인 듯 ←

그림 3-92 송흥리에 가는 열차인데, 저기 뭔가 보이는가 ←

그림 3-93 목재 위에 올라탄 역원들 ↙

그림 3-94 발전소가 보인다, 저건 용수리 발전소라네 ↙

그림 3-95 저 멀리 발전소 수로철관이 보이네 →

그림 3-96 그런데 룡수 발전소 수로철관은 모두 파손됐네 ↓

파손된 수로철관

파손된 수로철관

그림 3-97   이곳은 다른 발
전소 사진인데
어디일까? ←

그림 3-98   오!! 장진호 사
진도 있네, 부전
호 갔다가 장진
까지 구경 갔네!

그림 3-99   개마고원의 멋진
자연풍경 ←

그림 3-100 고산 야생화 ←
그림 3-101 개마고원 야생화 ↑

8. 주민과 함께

야유회에서 즐겁게, 1956 함흥

그림 3-102 주민과 즐거운 야유회 ⟵⟵
그림 3-103 일꾼들과 즐거운 야유회 ⟵⟵
그림 3-104 축제 관람도 함께 ↙
그림 3-105 어린이들과 노래도 함께 ↙
그림 3-106 DAG의 한 부서 직원이 한국인 직원과 DAG숙소에서 ⟵
그림 3-107 DAG의 한 여직원이 한국인과의 즐거운 시간 ↙
그림 3-108 DAG의 새 직원 환영 파티 ↓

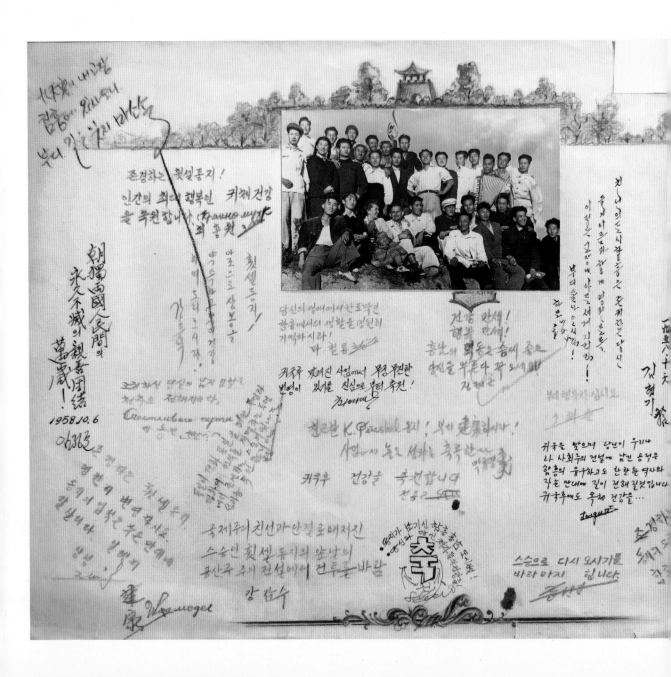

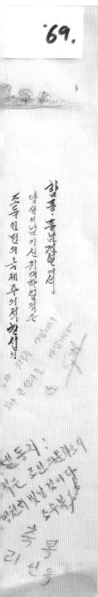

함흥 건설일꾼들 과 도시설계 팀 장
Konrad Pueschel, 1956

그림 3-109 1958년 10월 6일 귀국하는 DAG의 퓟셀 팀장과 북한 직원들의 기념 사인판 ←

그림 3-110 옆 사인판의 중앙사진을 확대한 것. 앞줄 좌로부터 3, 4번째 퓟셀 부부, 1956년 함흥시 도시계획팀과 함께↑

그림 3-111 환송회에서 노래를 하는 북한 직원←

그림 3-112 1959년 3월 4일 퓟셀 씨가 재방문시의 환영파티 때에 퓟셀 씨에게 드린 사인판 ←

그림 3-113 옆 사인판의 중앙사진을 확대한 것. 사진 앞줄 좌로부터 4째가 퓟셀 씨 ↑

그림 3-114 건설성 함흥지구 건설관리국 함흥시 설계 및 측지조사 사무소 앞에서 찍은 그들 직원들의 사진 ←

그림 3-115 1956년경 북한 기술 연수생들 이 DAG Center를 방문했을 때의 기념사진 으로 추정 ←

그림 3-116 DAG Center 를 방문한 학생 들과 기념촬영 →

그림 3-117 DAG Center 에 관계자 방문 ↓

그림 3-118 ~ 119   부인은 친구를 좋아해요 ↖
그림 3-120   DAG Center가 사진촬영 명소가 되다 ↑

그림 3-125 부인은 시장구경
을 좋아해요 ←
그림 3-126 부인은 공사장 구
경도 좋아해요 ←
그림 3-127 부인은 주민들과
의 대화를 좋아해
요 →
그림 3-128 부인은 공사장 구
경과 주민과의 대
화를 좋아해요 ↓

그림 3-129 부인은 공사장에서 나와서도 주민생활에 관심이 많아 요 ↗

그림 3-130 이 재건단 직원은 보따리를 싸들고 어디로 가나 ↓

그림 3-131 경치 좋은 바닷가에 가서 사진도 찍고 ←

함흥의 반룡산을 배경으로 자리 잡은 공설운동장에서 주민들과 친
선 축구시합을 하는 단원들의 모습이 그립다.

그림 3-132 ~ 137
반룡산을 배경으로
자리 잡은 공설운동
장에서 주민들과 친
선 축구시합

9. 동독 어린이와 주민

그림 3-138 여학생들의 귀여둥이 동독 아이 →

그림 3-139 동독 어린이 건설 현장 구경을 하다 ↓

그림 3-140 철쭉을 꺾어 든 여학생들이 동독 어린이들과 함께 →

그림 3-141 우리도 한국 산
천이 좋아 ←
그림 3-142 누드 어린이, 마
전 해수욕장에
서 ←
그림 3-143 이건 뭘까 돌절
구일까? →
그림 3-144 얼음판 썰매 지
치기가 좋아요
↓

그림 3-145 신기한 우물 →
그림 3-146 신기한 독 ↓
그림 3-147 동독 어린이 한 국 가옥의 마당 구경 →

10. 단원들이 남긴 취미 사진

그림 3-148　함경도 털게 ↘
그림 3-149　풍산 강아지? ↑
그림 3-150　고추잠자리 ↗
그림 3-151　함경도 개구리 ←
그림 3-152　참나리 꽃 ←
그림 3-153　함경도 밤 ↑
그림 3-154　함경도 벼이삭 ↗

그림 3-155 배추
그림 3-156 개성 인삼 같은데?
그림 3-157 연못
그림 3-158 연꽃 봉우리
그림 3-159 가자미 말리기
그림 3-160 이것은 함경도 명태(明太)
그림 3-161 이것도 명태 같다
그림 3-162 뱀도 있고
그림 3-163 오리도 양식하고
그림 3-164 야생 오리도 있네

그림 3-165 사찰 처마에 조각된 물고기를 물고 있는 도깨비 얼굴 장식물 ↓
그림 3-166 돌멩이 석탑 →
그림 3-167 초봄을 알리는 매화 ↓
그림 3-168 사당에서 내다보이는 비석집 ↘

11. 정치성향 행사

그림 3-169 퍼레이드 참여 준비 ↘
그림 3-170 퍼레이드로 가는 길 ↑
그림 3-171 상동 ↗
그림 3-172 메이데이(5 · 1절) 퍼레이드 ←
그림 3-173 상동 ←
그림 3-174 8 · 15 광복절 행렬 ↑
그림 3-175 행렬 귀빈차 ↗

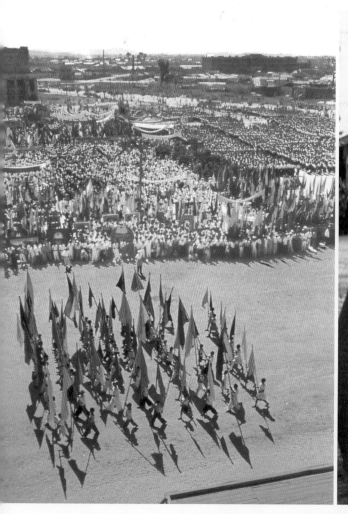

그림 3-176　8 · 15 광복절 군중대회
그림 3-177　귀빈 환영 어린이
그림 3-178　중국 주은래 외상 광복절 행사 참여
그림 3-179　김일성 동독 재건 원조단 방문
그림 3-180　김일성 동독 함흥시 재건 원조단 방문 기념사진. 1956

북한의 자연 풍경 1

04

1. 북한의 풍경(흑백사진)
(아래 사진 중에는 마티아스 슈베르트의 작품이 많다.)

그림 4-1 함흥 북쪽 성천강 상류 산간 마을

그림 **4-14** 함흥 교외의 큰집 설경↑
그림 **4-15** 함흥 교외의 큰집 설경, 왼쪽에 능이 보인다 ↗
그림 **4-16** 함흥지방 시골 과수원 주인의 큰집인 듯 ↑
그림 **4-17** 함흥지방 시골 외딴 초가 집 ↗
그림 **4-18** 윗 사진의 능을 능지기 마당에서 본 경치 →

그림 4-19 윗 사진의 능을 더 가까이서 본 설경 ＼
그림 4-20 함흥지방 시골 마을의 설경 ↑

그림 4-21 함흥지방 농가 마당 ↖
그림 4-22 성천강, 함흥평야가 보인다 ↖
그림 4-23 성천강 하구, 흥남의 서쪽 연포 비행장에 이르는 군자교(君子橋)가 있고 그 너머에 드넓은 함흥평야가 보인다 ←
그림 4-24 함흥지방 산야 풍경
그림 4-25 함흥평야, 휴게정자 ↗
그림 4-26 개마고원에 이르는 부전령 인근의 산 경치로 보인다 ↗
그림 4-27 함흥지방 한 시골 농가 풍경 ↑
그림 4-28 함흥 성천강 상류 경치 ↗

그림 4-29 개마고원 부전령 인근의 산 경치 ↘
그림 4-30 (Schubert가 찍은) 큰 고목, 본궁에서 찍은 듯 ↘
그림 4-31 함경도 시골의 멋진 풍경 ←
그림 4-32 누군가의 능인지 묘(廟)인지? ←
그림 4-33 산행길 ↑
그림 4-34 부전령의 큰 나무 (원판 사진에 Sam's Bild라고 적혀 있는 것으로 보아 Sam이 찍은 사진으로 추정) ↗

그림 4-35 부전령의 큰 바위(원판 사진에 Schubert라고 적혀 있는 것으로 보아 Schubert가 찍은 사진으로 추정) ←
그림 4-36 누군가의 사당 ←
그림 4-37 누군가의 비석집 ↕
그림 4-38 누군가의 비석 집 ↗
그림 4-39 문인상(文人像) ↑
그림 4-40 조 이삭 뒤에 멀리 보이는 농촌 ↗

그림 4-41 시골 집과 뒷산에 서있는 문인상 ↘
그림 4-42 문인상 ↑
그림 4-43 문인상 →

그림 4-44 농촌의 초가집 ↑
그림 4-45 수수 이삭 뒤에 멀리 보이는 농촌 →
그림 4-46 사각형 정자가 있는 집의 겨울풍경→→

2. 북한의 풍경(컬러사진)

2-1. 시골 풍경

그림 4-47 물레방앗간이 보이는 풍경 ←
그림 4-48 농가 풍경 ↓

그림 **4-49** 농가 풍경 ⟵
그림 **4-50** 농가 풍경 ⟵
그림 **4-51** 강가의 시골집 풍경 ↓

2-2. 산(山) 풍경

그림 4-63 개마고원에 이르는 부전령 인근의 산 경치 ←←←
그림 4-64 개마고원에 이르는 부전령 인근의 산 경치 ←←←
그림 4-65 개마고원에 이르는 부전령 인근의 산 경치 ↗
그림 4-66 개마고원에서 바라보는 산맥 모습 ←
그림 4-67 함흥평야의 북단 근처로 보이는 풍경 ↑

그림 4-68 성천강 상류의 계곡에 형성된 농지 풍경 ←←←

그림 4-69 성천강 상류의 계곡에 형성된 농지 풍경 ←←

그림 4-70 함흥 인근 산에서 전망하는 산 풍경 ↙

그림 4-71 산복도로가 보이는 산 풍경

그림 4-72 산복도로가 보이는 산 풍경 ←

그림 4-73 성천강 상류로 보이는 산 풍경 ↓

그림 4-74 부전고원에서 개마고원을 바라본 풍경 ←
그림 4-75 부전령에서 성천강 유역을 바라본 풍경 ↑

그림 **4-82** 개마고원의 가을 ←

그림 **4-83** 개마고원의 봄 ←

그림 4-84 산과 계곡의 설경 ←
그림 4-85 가을 풍경 ↑
그림 4-86 가을 풍경 ╱

2-3. 산수(山水) 풍경

그림 4-93 개량된 쇠밧줄 다리, 어디 일까? ↖

그림 4-94 뗏목을 띄워 보내는 마을 풍경 ↖

그림 4-95 큰 강가에서 빨래하는 주민 ←←←

그림 4-96 해안 풍경 ←←

그림 4-97 함경북도 청진 인근의 목재항(木材港)인 것 같다.(사진 원형파일에 Tschongsin 이란 문구가 적혀 있다.) ↑

그림 4-98 해안 풍경 ←

그림 4-99   함흥 성천강의 석양 ←
그림 4-100   함경북도 청진항 일대 모습 ↑

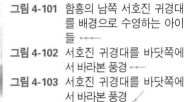

그림 4-101 함흥의 남쪽 서호진 귀경대를 배경으로 수영하는 아이들 ←←

그림 4-102 서호진 귀경대를 바닷쪽에서 바라본 풍경 ←←

그림 4-103 서호진 귀경대를 바닷쪽에서 바라본 풍경 ↙

그림 4-104 서호진 귀경대를 바닷쪽에서 바라본 풍경 ↙

그림 4-105 어느 고장의 석양 모습 ←

그림 4-106 개마고원 장진호 추정 ↓

그림 4-113 청진항 모습 ↑
그림 4-114 청진항 모습 →
그림 4-115 청진항 어선에 기타도 보이는 낭만적 모습 ⟶

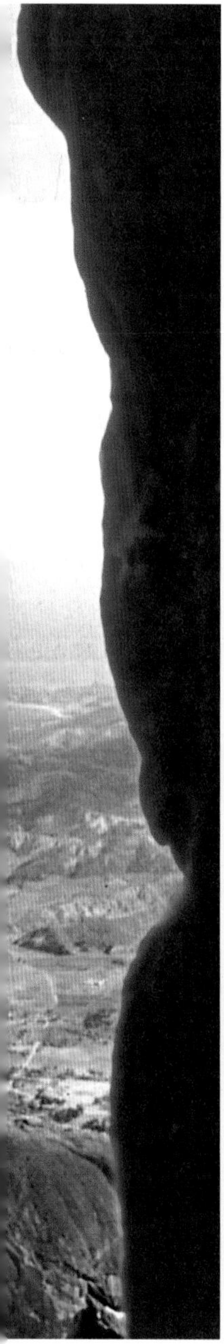

그림 4-121
바다가 내려다보이는 곳의 암반산 (Schubert가 한 해안가 산에서 촬영한 컬러 사진인 듯) ←—

그림 4-122
바다가 내려다보이는 곳의 암반산 ←

그림 4-128 ~ 33
함경도 동해 해안선 풍
경

그림 4-134 ~ 7 함경도 동해 해안선 풍경 ←

그림 4-138 함경도 동해 해안선의 한 휴양 호텔에서 동해를 전망한 모습 ←

그림 4-139 함경도 동해 해안선의 한 평온한 풍경 ↓

그림 4-140 ~ 41
함경도 동해 해안선의 한 평온한 풍경

그림 4-142   함경도 동해 해안선의
한 마을 ⟶

그림 4-143   함경도 동해 해안선 풍
경 ⟶⟶

그림 4-144   함경도 동해 해안선의
돌바위 근접사진 ↘

그림 4-145   함경도 동해 해안선 풍
경 ↘

그림 4-146 함경도 동해 해변에서 해물 줍는 모습 ←
그림 4-147 함경도 동해 해안선 설경 ↑

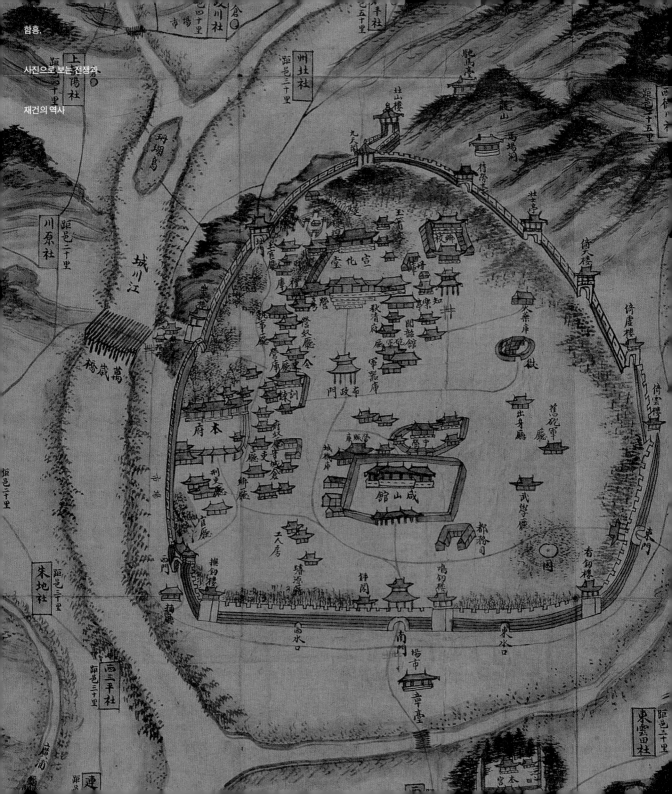

단원들이 남긴
북한주민 생활 사진

05

1. 북한의 어린이와 소녀들

그림 5-1 강 모래사장에서 폭약 실험이라도 하는 소년 ↑
그림 5-2 검은 강아지를 자랑하는 꼬마 ↗

그림 5-3   이른 봄 달래 캐는 소녀 ←←
그림 5-4   호수가의 소녀 ↘
그림 5-5   화동들의 귀빈맞이 ↑
그림 5-6   꼬까옷 차려입고 행렬구경 하는
　　　　　 어린이들 ←

그림 5-7 꼬까옷 소녀 부모님과 함께↑
그림 5-8 화동들의 귀빈맞이↗

그림 5-9 ~ 11
동네 아동들이 사진사가 나타나
니 포즈를 취해 ←←
그림 5-12 천진 난만한 어린이
들↓

그림 **5-13** 정통 방한모를 쓴 동생을 업고 얼음을 지치는 건강한 아이 ←
그림 **5-14** 자기집 아파트촌 앞에 꽃을 들고 포즈를 취한 소녀 ←
그림 **5-15** 혀끝을 내밀며 미소 짓는 아기 ╱
그림 **5-16** 동생을 돌보는 누나 ╱
그림 **5-17** 모래바닥에 앉아 느슨히 쉬는 아이들 ←
그림 **5-18** 모래바닥에서 무슨 내기라도 하는 두 소년 ↓

그림 5-19 아랫도리 벗은 채 무언가 연구하는 애기 ↑
그림 5-20 선화당 푯말 앞에 포즈를 취한 소녀 ↗

그림 5-21 ~ 22
어린애가 애기를 업고 동네에 나
왔는데 다른 애들이 흉보는 모습
←

그림 5-23 고독한 소녀 제집 앞
에서 포즈 ╱

그림 5-24 목재소에 나와 노는
소녀를 컬러로 사진
을 찍었는데 결과는
좋지 않네요 ←

그림 5-31 소녀들이 길가에 앉아 뭘하지? 애기 보는 아이도 있는데 ⟵

그림 5-32 바닷가에 나와 어선을 기다리는 것 같네 ⟵

그림 5-33 어린이 조역(助役)꾼들 ⟋

그림 5-34 할머니가 머리에 짐을 이고 사진사 앞에 포즈를 취하는데 동네 아이들도 덩달아 포즈 ⟋

그림 5-35 큰 짐 이고 가는 교복 차림의 소녀, 뒤에 군인의 무리가 보이네 ⟵

그림 5-40 ~ 42 함흥 인근 절에
소풍 나온 여학
생들

그림 5-43 조용히 하라는 선생님 지시에 따라 포즈를 취한 어린애들 →

그림 5-44 우리 어린애도 동독 원조단원과 함께 포즈 취해 ↓

그림 5-45 주지(住持) 가정의 모습 ⟶

그림 5-46 할아버지가 증손과 함께? ⟶⟶

2. 가정과 주거(住居)집

그림 5-47 동독 재건단원이 초가집 마당에서 동네 청년들과 함께 찍은 기념사진 →
그림 5-48 할아버지, 아버지, 아들 손녀 부부인가? ↓
그림 5-49 할아버지, 아버지, 아들 3대(代) 사진 →

그림 5-50 어머니가 아들 부부하
고 기념사진? ←←←
그림 5-51 손녀 부부인 듯 ←←
그림 5-52 큰 할아버지, 아들, 할
아버지, 아버지인 것 같
다 ←
그림 5-53 아버지와 아들인 듯 ↓

그림 5-54 기와집 주택 마당 →
그림 5-55 전통 초가집 ↘
그림 5-56 기와집 내부 마당 ⟶

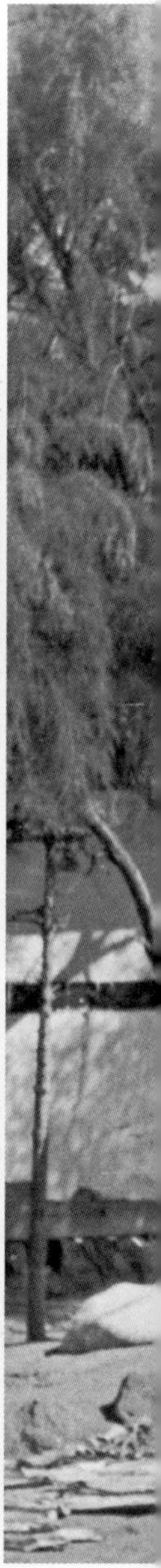

그림 5-57 기와집 내부 →
그림 5-58 기와집 마을 →

3. 일상생활

그림 5-59 물가에서 빨래하는 처녀 ←
그림 5-60 ~ 61
빗물이 흐르는 데에서 빨래하는 여인들 ↓

그림 **5-62** 강가에 모여 빨래하는 여인들 오늘은 빨래하는 날인가보다 ←
그림 **5-63** 빨래를 한 짐 이고 집으로 돌아가는 아주머니 ←
그림 **5-64** 다리 밑 냇물에서 홀로 빨래하는 여인 ↑
그림 **5-65** 집 앞 밭에서 채소를 가꾸는 애기 엄마 ↑

독일인들은 북한 부녀자들이 머리에 짐을 이고 나르는 것에 매력

을 가진 모양이다. 많은 사진을 찍었다.

그림 5-66 울타리 안의 채소밭에서 일하는 여인 ←←←
그림 5-67 집 두채 앞에는 풍성한 채소밭이 있고, 뒤에는 새로
          지은 건물들이 보인다 ←←←
그림 5-68 왼쪽에 보는 새 건물은 옛 함흥고보(함남중학) 자리
          에 새로 지은 함흥사범학교 건물 ╱
그림 5-69 한 겨울에 물을 떠오는 여인 ╱
그림 5-70 애기를 업고 머리에 짐을 이고 눈길을 걷는 여인 ←←←
그림 5-71 한 겨울의 마을 풍경 ↓

그림 5-72 애기를 업고 머리에 짐을 이고 눈길을 걷는 여인의 근접 사진 ↘
그림 5-73 한 겨울에 물을 떠오는 여인 ↑

그림 5-74 ~ 75 고추를 한 짐 이고 오는 두 여인 ↑↗
그림 5-76 홍당무를 머리에 인 두 여인 ↑
그림 5-77 큰 바구니 여러 개를 한꺼번에 이고 가는 애기 업은 여인 ↗

그림 **5-89** 애기 업은 여인이 한 낮 더위를 피하기 위해 양산을 쓴 모습 ↑
그림 **5-90** 망태를 어깨에 진 농부 할아버지 ╱

그림 5-91 눈길을 걷는 젊은이 ↑
그림 5-92 동네 노인 ↗

그림 5-93 추운 겨울에 포목상 노인이 손님을 기다려 ↑
그림 5-94 분주한 기차 정거장 ↗

그림 5-95 당나귀도 힘들게 일해
←

그림 5-96 폭설에도 운전하는 청
년들 ↓

그림 5-97　순찰하는 보안대원들 ↑
그림 5-98　여보! 험한 길 혼자 걷지마! ↗
그림 5-99　풍성한 게잡이 계절, 얼씨구 좋구나! →
그림 5-100　산에서 한 짐 채집하고 돌아오는 여인들 ⟶
그림 5-101　여기 저기 독이 많아 무얼 하는 걸까? ↘
그림 5-102　산림 사무소 앞을 지나가는 여인 ↘

그림 5-103 ~ 5
호련천을 건너는 사람들 ←←←
그림 5-106 ~8
얼음을 운반하는 일꾼들 ←

4. 농사꾼

그림 5-114 가을 밭갈이하는 농부 ↞

그림 5-115 수동 모내기 ↞

그림 5-116 잡초를 뽑는 농부 ↙

그림 5-117 제 논을 쳐다보는 농부의 근접사진 ↙

그림 5-118 제 논을 쳐다보는 농부 ↑

그림 5-119 논 한가운데 연못이 있네 ↙

그림 5-120 ~ 1
연뿌리 캐는 여인 ←
그림 5-122   바람을 이용한 지푸라기 골라
                    내기 ←
그림 5-123   벼이삭 탈곡 작업 ↓

그림 5-130 볏섬을 소 달구지에 싣고 공출하러가는 청년 농부 ←←←

그림 5-131 볏섬을 싣고 〈현물세는 우량곡으로 국가에 납부하자〉 라는 사인을 내 걸고 공출하러 시청 앞을 지나가는 농부 ←←←

그림 5-132 시청 앞을 지나가는 농부의 근접 촬영 ←

그림 5-133   어부의 어망수선 작업 ↑
그림 5-134 ~ 6 시청 앞 광장에서 장사하는 사람들
그림 5-137   좌판을 벌린 상인들 - 비누, 물감, 실 등등 →

5. 장터

그림 5-138 ~ 9   시장 안 포목점 ←
그림 5-140   시장 길에서 고무줄 파는 할머니 ↑
그림 5-141   꾸러미 미역을 파는 행상인 ↗

그림 5-142 좌판을 벌린 노인 - 벼루, 빗
자루, 기타 잡화 ⟵

그림 5-143 좌판을 벌린 노인 - 따발(표준
어는 '똬리'), 기타 잡화 ⟵

그림 5-144 시장구경을 나온 동독 재건단
원의 한 부인과 사진사 ⟵

그림 5-145 군밤 장사를 구경하는 동독 재
건단원 부인 ↓

그림 5-152 염소, 닭 등 가축 파는 노점 ←

그림 5-153 공설시장이 틀림없네, 상점 간판과 길목 간판이 보인다 ←

그림 5-154 좌판을 벌린 상인들 - 과일 파는 여인들 ✓

그림 5-155 무 직거래 장터 ✓

그림 5-156 채소(무) 직거래 장터 ←

그림 5-157 공설시장 상인들 ↓

그림 5-158 사과 직거래 상인 ←
그림 5-159 농산물 직거래 장터 ←
그림 5-160 시장 공터에 세운 리어카 앞에 서있는 두 소년 ↑

그림 5-161 오늘 장사 수지를 점검하는 상인 →

그림 5-162 돼지새끼 파는 여인 ↘

그림 5-163 고추, 파를 파는 씩씩한 아낙네. 여자 아기는 토실토실 건강해 →

그림 5-164 엿을 사는 동독 재건단원 ↘

그림 5-165 동독 재건단원 가족의 시장구경 →
그림 5-166 일과 마치고 집으로 돌아가는 농부들 ↓
그림 5-167 땔감을 팔러 나온 농부 →

6. 1950년대의 북한 어른의 모습

그림 5-172 한복 입은 두 노인, 모자는 한식과 양식 각각 달라 ↘
그림 5-173 '머리수건'을 둘러 모자처럼 쓴 여인들 ↗
그림 5-174 개량 한복 차림의 어르신 ←
그림 5-175 세 노인, 그들은 모자를 쓰기 좋아해 ↓

그림 5-176 둔치에 앉아 쉬는 노인들 ←—
그림 5-177 기와집 노인 친구들이 한자리에,
아이들도 사진사가 신기해 한자리
에 모여 들었네 ╱
그림 5-178 ~ 179
한복 차림의 노인들이 마당에 모인 모습 ↓

그림 5-180 ~ 181   왕할아버지와 증손녀

7. 문화 스포츠 기타 레크리에이션

그림 5-182 흥남 남쪽 서호진 해수욕장; 서호진 앞 바다에 있는 대진도, 소진도

그림 **5-183** 멀리 만세교가 보이는 함흥 성천강 수영장, 남쪽에서 북쪽을 바라본 성천강 ←

그림 **5-184** 서호진 해수욕장에서 물놀이하는 아이들 ╱

그림 **5-185** 서호진 해수욕 모래사장에서 도시락을 먹는 방문객 ←

그림 **5-186** 서호진 해수욕 모래사장에 세워진 그늘 집 ↓

그림 5-187 뒷산 언덕에 마련된 공터에서 춤추는 주민들 ←

그림 5-188 기와집 틈새로 바라본 공터주변 일대의 경치 ╱

그림 5-189 동양화가의 붓끝 솜씨 ←

그림 5-190 열정 가득한 그 동양화가의 모습. 벽에는 그의 작품들이 걸려 있다 ↓

그림 5-191 ~ 192　개성 자남산 관덕정에서 활을 쏘는 궁사↑

그림 5-193　　　자남산 활쏘기 연마장 관덕정 ↑

그림 5-194　　　보트 놀이 ↗

8. 관혼상제

8-1. 한국 전통 혼례식

그림 5-195 ~ 196 →
당나귀 타고 신부 맞이하러
떠나는 신랑

그림 5-197 새색시가 왔네.
큰상 받는 신부
←

그림 5-198 대접 받는 신부,
신부 대접하는 할
머니는 누굴까?
←

8-2. 신식 결혼식

그림 5-199 신랑신부와 접대 할머니 ⟵

그림 5-200 호랑이 가죽 매트에 앉은 신부 ⟵

그림 5-201 결혼식은 초가집, 하지만 호랑이 가죽 매트를 딛고 서서 맹세하는 신부 ⟋

그림 5-202 신부가 타고 온 가마 ⟋

그림 5-203 신부, 부끄러워 하지 마세요! ⟵

그림 5-204 신랑신부, 들러리, 화동 모두 입장 완료 ↑
그림 5-205 웨딩마치 시작 →
그림 5-206 초가집 마당에 돗자리와 흰색 포목을 깔고 웨딩마치 →→
그림 5-207 돌아서서 웨딩마치 한번 더하는 신랑신부 ↘
그림 5-208 폐백 올리는 신부 ↘

8-3. 한국의 산소 문화

그림 5-209 신랑신부 양가 어머니들의 선물교환. 신부는 가마타고 신혼여행을 ←

그림 5-210 가마를 탄 신부 행렬 ↗

그림 5-211 명당자리에 모신 조상의 묘 ←

그림 5-212 명절엔 가족과 함께 성묘 ↓

그림 **5-213** 부모님 묘지 앞에서 동독 재건단원과 함께 ↖
그림 **5-214** 명당자리에 모신 조상의 묘 ↗
그림 **5-215** 마을 뒷산의 공동묘지 ↖
그림 **5-216** 저 멀리 새 공동묘지가 보이는 산등성에서 성묘하는 후손들 ↗

9. 한국의 사당(祠堂), 사찰(寺刹), 능(陵) 건축 문화

덕안릉은 조선 태조 이성계의 고조부인 목조와 효공왕후의 능이다. 함흥 북
쪽 오로군 능리에 소재하고 있다.

그림 5-217 　덕안릉 후경(後景) ↓

고려 수도 개성에 있는 공명왕릉이다. 재건 단원들이 개성에 가서

찍은 사진들이다.

함흥 본궁에서 촬영한 사진들이다.

그림 5-235 ~ 236
본궁으로 가는 길 ←
그림 5-237 본궁 풍패루 앞 연못 ↓

그림 5-238 본궁으로 소풍 온 관광버스 ↑
그림 5-239 함흥 구천각은 반룡산등에 있던 함흥읍성(咸興邑城)의 북장대(北將臺)로서 고려 예종 3년(1108)에 처음 세워졌고, 1713년(숙종 39)에 고쳐지었다. 1930년 초에 일제가 함흥 시민과 협력하여 "함흥전망대"라고 부르는 누각을 신축했다. 이 사진은 그 함흥전망대를 해방과 6·25전쟁을 겪은 뒤에 동독 함흥 재건단원의 한 사람이 찍은 것이다. 한쪽 모서리가 파손된 것을 볼 수 있다. 사진의 오른쪽 아래에 〈xx대를 깨끗하게 합시다〉라는 주의판이 보인다. 북한 당국이 이 누각의 이름도 새로 붙인 것 같다. ↗

개성의 사적 선죽교를 재건단원이 찍은 사진들이다.

그림 5-240 개성 선죽교에서 동독 재건단원의 모습 →

그림 5-241 선죽교(북한 국보 문화유물 제159호) ↘

그림 5-242 용흥사 정면사진 - 중앙에 대웅전 모습이 보이고, 양편에 운하루, 향로전 등이 조금 보인다 →

용흥사龍興寺는 함경남도 오로군 봉흥리 백운산에 있는 절이다. 1048년(고려시대)에 창건되었다. 처음에는 성불사로 불렸고, 두 차례나 화재로 소실되었다가 1578년(조선 문종 때) 재건되었다.(북한 문화유물 제115호)

그림 5-243 　용흥사의 배후 전경 ↑
그림 5-244 　용흥사의 대웅전 벽화 →
그림 5-245 　흥용사 무량수각(无量壽閣) ↘

그림 5-246 용흥사 대웅전 앞마당 쪽에서 계곡을 내려다 보는 사진(추정) →

그림 5-247 용흥사 무량수 각으로 올라가 는 길 →

그림 5-248 용흥사 측면 원경 사진 ↑
그림 5-249 북한 외금강산 신계사(神溪寺)가 6·25 전쟁으로 소실된 후 이 절의 3층탑만 일부 파
손된 상태를 1956년경 동독 함흥 재건단원이 찍은 사진 →

평양 시가의 사진들이다.

그림 5-250 평양 대동문 ←
그림 5-251 을밀대 ←
그림 5-252 평양 내성의 동쪽
장대로 대동문 옆,
대동강변에 바짝
붙어있다. 수많은
시인묵객들이 여
기에서 많은 시를
읊은 관서8경의
하나다. ↓

그림 5-253 원래 이 탑은 평천구역 평천동 홍복사지에 있었던 것을 일제강점기 때 평양역 앞에 옮겼다가 다시 대동문(大同門) 옆으로 옮기고, 1933년 지금의 위치인 평양 중구역 모란봉으로 옮겼다 →

북한 여기저기 관광을 다니며 촬영한 사진들인데 정확한 장소는
기억나지 않는다.

그림 5-254 ~ 255
계단식 석축 주택

그림 **5-256** 기와지붕을 인 대문 ←
그림 **5-257** 왕벚나무가 곱게 핀 큰 집 ↑

10. 개성

고려의 도읍이었던 개성은 6 · 25 전쟁 중 전화戰禍를 입지 않은 도시였다. 거기에 동독 함흥 재건단원이 관광한 후 여러 장의 사진을 남겼다.

그림 5-261 변두리 개성의 전경, 멀리 송악산이 보인 다←
그림 5-262 일반 한옥 마당 ╱
그림 5-263 개성 뒷골목 ←

그림 5-264 개성 뒷골목 →
그림 5-265 한옥 마루에서 문창
지 작업하는 남자
→
그림 5-266 한옥 마당에 놓인 벤
치 →→

그림 **5-270** 한옥 주택 ←
그림 **5-271** 정원이 잘 가꾸어
진 한옥 미당 ╱
그림 **5-272** 개성 표충단(表忠
壇). 표충단 안에
는 대형 비석이 2
개 있다. 1740년
조선 영조가 세운
것이고, 다른 하
나는 1872년 고
종이 세운 것이다,
두 비석 모두가 암
살된 고려의 충신
정몽주를 추념하
기 위해 세운 비석
이다(아래 **그림 5-
389 참조**) →
그림 **2-273** 선죽교 뒤에 보이
는 표충단 사진 ↓

그림 5-274 이 묘(廟) 모양의 큰 건축물은 사무용 또는 관광 기념품점으로 쓰이는 듯 창문도 많이
보이는데 그 소속을 알 수 없다 ↘
그림 5-275 보통 한옥의 처마와 대문이 좀 높은 데 있어 보인다 ←
그림 5-276 개성 남대문 측면 사진 ↑

북한 치하(治下)의
축제 활동

06

1. 춤추는 얼굴들

그림 6-1 어허둥둥 춤추는 두 여인 ←
그림 6-2 춤추러 가는 두 여인 ╱

그림 6-6 춤추는 두 여인 ⟵
그림 6-7 무당 옷차림의 무녀 ⟵
그림 6-8 북청사자놀음을 즐기고
있는 주민들 ⟵

그림 **6-14** 축제행렬에 나온 여인

그림 **6-15** 퉁소 부는 춤꾼 ←

그림 **6-16** 춤추는 두 여인 ╱

그림 **6-17** 박자가 잘 안 맞네 ╱

그림 **6-18** 춤 박자는 이렇게! ←

그림 6-19 풀피리 부는 춤꾼

그림 6-20 어허둥둥 어깨춤을 추세 ←——

그림 6-21 어허둥둥~~ 흥겨운 춤 놀이 ←

그림 6-22 쌍쌍이 흥겹게 추는 춤사위 ✓

그림 6-23 한잔 했나? 누워서 춤을 ←
그림 6-24 남녀 한 쌍이 구경꾼 가운데에서 춤을 ←
그림 6-25 축제가 무르익어 간다. 멀리 파손된 건물과 함흥시청이 보인다 ↙

그림 6-26 춤추는 한 가운데에 특이한 의장을 한 거인 무인 ↖
그림 6-27 아! 춤추기 힘들다. 좀 쉬자 ↖
그림 6-28 우리는 행렬대원이다. 춤은 잘 못해 ←
그림 6-29 아코디언 음악에 맞추어 합창 ←
그림 6-30 강강술래 두 팀이 흥겹게 춤추네 ↑

2. 1955년 5 · 1절 퍼레이드

그림 **6-31** 반파된 공회당을 장식하고 그 앞에서 메이데이 퍼레이드를 작은북을 치며 행렬하는 중학생들 ←

그림 **6-32** 공회당 앞에서 메이데이 퍼레이드를 하는 노동자들 ←

그림 **6-33** 공회당 앞에서 메이데이 퍼레이드를 하는 동독 함흥 재건단원들 ↙

그림 6-34 메이데이 퍼레이드 귀빈
석에는 인공기와 동독기
를 전시 →
그림 6-35 메이데이 퍼레이드 귀빈
석에는 인공기와 동독기
를 전시. 벽에는 김일성,
모택동 초상화도 걸려
있다 ↘
그림 6-36 웅장한 메이데이 퍼레이
드 대원들 →→
그림 6-37 초상화를 든 행렬대원들
↘

그림 6-38 초상화를 든 행렬대원
들. 오른쪽에 귀빈석
공회당이 조금 보인다
←

그림 6-39 김일성, 모택동 초상화
를 들고 행렬하는 모습

그림 6-40 파괴된 공회당 위에서
내려다보는 메이데이
퍼레이드 전경, 배경에
함흥 기차정거장이 있
고(사진에는 안보임),
앞 광장은 상가 주택 공
공건물들로 가득 차있
던 곳이다 ↙

그림 6-41 파괴된 공회당 위에서
내려다보는 메이데이
퍼레이드 전경. 앞에 보
이는 깃발들은 공회당
귀빈석 위에 장식한 것
들 ↙

그림 6-42 메이데이 행사 참석자
들 ←

그림 6-43 메이데이 행렬 참석 학
생들 ↓

그림 6-44 ~ 5
메이데이 행렬 참석 노동자들 ←—

그림 6-46 메이데이 행렬에 동독 함흥 재건단원도 참석
←—

그림 6-47 메이데이 행사 관중들은 파괴된 건물(함흥금융조합연합회, 북선시사신보 등) 위에서 구경, 왼쪽에는 함흥시청과 그 뒤에 경찰서가 보인다 ↓

3. 1955년 광복절 퍼레이드

그림 6-54 ~ 55
소년소녀 행렬단원 ◄◄◄
그림 6-56 김일성, 모택동 초상화
          행렬 ↙
그림 6-57 ~ 8
여학생들의 퍼레이드
그림 6-59 ~ 60
작은북 소녀 행렬단

그림 6-61 작은북 행렬단원의 경례 ←
그림 6-62 어린 소녀들의 퍼레이드 ←
그림 6-63 작은북 행렬단 퍼레이드 ↑

그림 6-64 행사 날에 모인 관중들 ＼
그림 6-65 대기 중인 작은북 단원들 ↑

4. 1956년 광복절 퍼레이드

그림 6-66 광복 11주년에 함흥시
청 앞에 모인 행렬대원
들 ┄┄┄

그림 6-67 김일성 전신 초상화를
들고 나온 행렬대원들,
뒤에 시청 건물이 보인
다 ←──

그림 6-68 또 다른 행렬대원들 ╱

그림 6-69 더 화려한 학생 행렬대
원들, 두 번째 대원들은
비둘기 조형물을 들고
있다 ╱

그림 6-70 다른 디자인의 행렬대
원들 ←──

그림 6-71 비둘기 조형물을 든 단
원들이 사열대 앞을 지
나고 있다 ↓

그림 6-72 ~ 73
춤추며 사열대 앞을 행진하는 모습
그림 6-74 어린이 행렬대원, 뒤 관람석에
동독 함흥 재건단원들이 관람 ←
그림 6-75 행렬을 끝내고 퇴장하는 모습,
사진 찍는 동독 재건단원들이 보
인다 ↓

그림 6-76　행렬을 끝내고 퇴장하는 모습 →
그림 6-77　행렬을 끝내고 퇴장하는 모습,
　　　　　 뒤에 허물어진 공회당이 보인다
　　　　　 ↘
그림 6-78 ~ 79
함흥사범학교 여학생 행렬대 →
그림 6-80　학생 악단이 사열대에 진입 ←
그림 6-81　어린이 행렬대원들이 사열대 앞
　　　　　 을 통과 ←

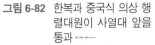

그림 6-82 한복과 중국식 의상 행
렬대원이 사열대 앞을
통과 ←←←

그림 6-83 공회당을 허물고 그 자
리에 벽돌벽으로 사열
대를 만든 전경 ←←

그림 6-84 김일성 초상화를 든 학
생 행렬대원이 사열대
에 진입 ↙

그림 6-85 한복 입은 어린이 행렬
대원이 사열대에 진입
↙

그림 6-86 성인 행렬대원의 사열
대 앞을 통과 ←

그림 6-87 큰북 작은북 그리고 퉁
소를 부는 '농악단' ↓

그림 6-88 큰북, 작은북, 퉁소를 부는 '농악단' ←
그림 6-89 ~ 90
'농악단' 단원이 사열대를 마지막으로 통과하는 모습 ↙↑

그림 6-91 행렬단원이 행렬을 마치고 긴장을 푸는 모습 ←

그림 6-92 어머니가 아기를 안은 마네킹을 갖고 나온 행렬팀의 마무리 행렬 ←

그림 6-93 ~ 94
행렬을 끝내고 퇴장하는 모습 ╱

그림 6-95 동독 재건단원이 사열대 관람석에서 구경하는 모습 ↑

파괴되기 전의 공회당

2층이 파괴된 공회당 ——

부서진 공회당 잔괴

그림 6-96 공회당-시청 사이의 '광장' 사진(상단 사진)과 여러 장의 사진으로 구성한 파노라마(하단 사진)를 비교한 그림. 이 파노라마의 오른쪽 사진 두 장의 배후에 흰 건물이 보이는데 이 건물은 옛 함흥고보(함남중학) 자리에 새로 지은 함흥사범학교 건물이다. 왼쪽 사진 두 장에는 공회당 자리에 새로 벽돌벽 사열대(스테이지)가 들어선 모습이다

오른쪽 3층 건물은 함흥시청이고, 왼쪽 파괴된 건물은 공회당이다. 이 두 건물 사이에는 여러 건물들이 많이 있었으나 파괴되어 '광장'을 이루었다.